jeux pour amoureux

avertis

jeux pour amoureux avertis

paul scott

illustrations de pinglet

idées & envies

Conception **Paul Tilby**
Édition **Miriam Hyslop**
Fabrication **Gavin Bradshaw**
Direction artistique **Gabriella Le Grazie**
Direction éditoriale **Alison Starling**

Illustrations **pinglet@pvuk.com**

Ouvrage réalisé par les *Éditions de la Seine*
Direction **Alexandre Falco**
Responsable publications **Françoise Orlando-Trouvé**
Responsable de l'ouvrage **Bénédicte Sacko**
Réalisation de l'édition française
Agence Juliette Blanchot, Paris
Traduction de l'anglais **Delphine Gentils**
Adaptation graphique **Arnaud Lereclus**

Édition originale publiée
en Grande-Bretagne en 2005
par Ryland Peters & Small

ISBN : 2-7434-5694-9
Imprimé en Chine

sommaire

INTRODUCTION 6

FANTASMES 10

Raconter des histoires 12
Jeux de rôle 14
Exhibitionnisme 16
À l'extérieur 18
À SAVOIR 20
Déguisements 22
Amour courtois 24
Jouer au docteur 27
À SAVOIR 28
Fétichisme 30
Au bureau 33
À SAVOIR 34

JEUX ÉROTIQUES 36

Jeux d'esprit 38
Tester le mobilier 40
Aux petits soins 42
Agent secret 44
À SAVOIR 46
Accessoires 48
À la maison 50
Confidence pour confidence 52
Nourriture, amour et aphrodisiaques 54
Breuvages avec ou sans bulles 56
Huiles et massages 58
À SAVOIR 60

Rapports protégés et érotisme 62

Index 64

introduction

De l'importance des fantasmes et autres jeux érotiques

Même quotidien et ordinaire, l'univers de la sexualité est toujours un peu irrationnel. Certes, la publicité et notre culture instaurent des codes – une femme désirable a la taille fine, les fesses rebondies, et la poitrine opulente ; l'homme de beaux cheveux, un large torse et un sexe imposant –, mais nous sommes tous uniques et ces critères soi-disant universels nous influencent différemment. Si à chaque époque et à chaque culture correspond une conception particulière de la beauté, ce qui nous attire finalement chez quelqu'un est avant tout sa personnalité.

Même si nous savons pour quelles raisons nous sommes avec telle personne plutôt qu'avec telle autre, il reste heureusement toujours quelque chose à découvrir – sans quoi nous nous lasserions bien vite d'une relation –, notamment les pensées les plus secrètes, souvent d'ordre sexuel. Faire l'amour à trois, avec un inconnu, ou avec quelqu'un de célèbre, faire l'amour de force ou en dominant, regarder son partenaire faire l'amour avec un(e) autre, jouer aux gentils ou aux méchants, plaisirs coquins et douleur : ces fantasmes tout à fait normaux sont ceux de la plupart des gens.

N'ayez pas honte, avoir des fantasmes ne veut pas forcément dire les réaliser. Il n'est pas plus mal d'avoir des fantasmes qu'il n'est dangereux de se masturber. C'est un fait avéré. Bien au contraire, les fantasmes sexuels sont l'expression de peurs enfouies ; dès lors, en plus de nous amuser, ils nous aident à nous reconstruire. À certains moments, il suffit de trois fois rien pour nous émoustiller, à d'autres c'est le désir sexuel qui nous incite à donner libre cours à notre imagination (que l'on soit en train de faire l'amour ou non).

Les fantasmes prennent toujours la tournure que l'on souhaite, à condition de se rappeler que fantasme et réalité sont deux choses distinctes. Pour comprendre cette différence, il peut être utile d'en discuter avec votre partenaire. Il est inutile de rendre les choses plus solennelles encore, personne ne vous oblige à rentrer dans les détails. Vous n'avez pas besoin de tout lui dire.

La bonne nouvelle c'est que vos fantasmes ressemblent aux siens. La mauvaise c'est que vous n'êtes pas toujours l'objet de ses fantasmes. À vous donc de découvrir ce qui le titille... Échanger vos fantasmes régulièrement et spontanément nécessite et renforce la confiance qu'il y a entre vous. Savoir ce qui l'émoustille est très excitant en soi et améliore par ailleurs vos prestations sous la couette : on aime ce que l'on fait bien et l'on fait bien ce que l'on aime.

Il est aussi excitant de savoir à quoi pense votre partenaire pendant l'amour. Les idées et les jeux érotiques de ce livre peuvent vous aider l'un et l'autre à partager un peu plus vos pensées secrètes.

fantasmes

raconter des histoires

Ce n'est pas une coïncidence si l'on se raconte des histoires au moment de se coucher. Le cerveau serait l'organe sexuel le plus important. Rien n'alimente mieux le feu de la passion que les fantasmes. Heureux et nombreux sont les couples qui parviennent à les partager. Souvenez-vous qu'il est inutile de les raconter dans leurs moindres détails, allez-y petit à petit. Imaginez comment vous réagiriez à quelque chose de banal, mais que vous n'auriez encore jamais fait.

Hollywood a inspiré de nombreux fantasmes, et les histoires d'amour célèbres sont depuis longtemps à l'origine de scénarios érotiques. Le mythe du pirate est un exemple. Imaginez votre partenaire en pirate sanguinaire et vous en jeune vierge qu'il aurait sauvée ou fait prisonnière. La simplicité de l'histoire ne dépend que de vous. Racontez-en une qui mette en scène votre partenaire, il sera d'autant plus impressionné si vous n'y participez pas. N'hésitez pas à faire parler vos personnages, cela rythmera votre récit et le rendra plus vivant.

Faites dire à vos personnages combien votre partenaire est sexy. Vous avez là l'occasion de l'impressionner en lui montrant que vous l'avez écouté et que vous savez ce qui lui plaît. Pensez à ce qui l'émoustille et intégrez tout cela à votre histoire. Si ce n'était pas déjà le cas au départ, votre partenaire finira par se prendre pour Keira Knighley, Johnny Depp ou Errol Flynn.

jeux de rôle

Un mélange parfait d'assurance et de sensibilité plaît à chacun des deux sexes. Vous avez tout à gagner à tout bonnement exprimer votre motivation et être à la hauteur de la conception du romantisme et des fantasmes de l'autre.

Sachez reconnaître l'humeur de votre partenaire et le séduire, il s'agit là d'un jeu de rôle. Il n'y a rien de plus sexy pour un homme qu'une femme qui sait ce qu'elle veut derrière des apparences lisses, voire un peu prudes. Et, pour la plupart des femmes, rien n'est plus sexy qu'un homme dont le charme et le soutien cachent un insatiable désir de la posséder.

Pourquoi ne pas explorer ces thèmes avec votre partenaire ? Confiant mais attentionné, il pourrait s'arrêter à un premier refus, alors ayez un peu d'audace et entrez dans le jeu, n'ayez pas froid aux yeux lorsqu'il posera la main sur votre cuisse. Quel genre de personne vous attire-t-elle ? Sexuellement, quelles positions vous donnent un léger sentiment de pouvoir ? Tous les fantasmes avec un uniforme ne relèvent pas forcément de la soumission ou de la domination, certains vous viennent tout simplement en aide.

exhibitionnisme

Si l'idée de vous mettre en spectacle devant votre partenaire vous plaît, vous n'êtes pas le (la) seul(e). L'exhibitionnisme est le contraire du voyeurisme : tout comme certains aiment regarder, d'autres aiment qu'on les regarde. D'ailleurs, selon certaines enquêtes, le premier fantasme de la femme serait d'exciter un homme en usant de stratagèmes exhibitionnistes.

En réaction à une pornographie tape-à-l'œil, le strip-tease et la danse de cabaret reviennent en force avec leur cortège de boas en plumes et de bikinis en simili léopard. Aussi, n'hésitez pas à opter pour un effeuillage torride sur des rythmes endiablés !

Pour émoustiller au mieux votre partenaire, gardez bien à l'esprit que les hommes et les femmes s'accordent à dire qu'il est plus sexy d'être à moitié dénudé qu'entièrement nu. Si vous faites un strip-tease, et sans pour autant vous vêtir comme si vous partiez pour le pôle Nord, ayez le plus de vêtements possible à ôter. Cela sera d'autant plus suggestif si vous avez une ceinture, un collier, un bracelet ou des lanières à défaire. L'ambiance est primordiale, choisissez un éclairage doux et une pièce confortable. Vos habits de bureau pourront aussi s'avérer très sexy car ils sont l'expression du contraste avec ce que vous faites : votre plaisir décadent n'en sera que meilleur !

à l'extérieur

Pour un éveil des sens plus coquin ou plus spirituel encore, soyez inventif et sortez faire l'amour dans la nature, dans le cadre de la loi bien sûr et sans porter atteinte à la pudeur. La sensation du soleil sur votre peau accentuera votre libido. Exposez-vous aux rayons revigorants du soleil. Trouvez un endroit isolé et sauvage et perdez-vous dans les hautes herbes ou bien restez chez vous par un bel après-midi ensoleillé et faites l'amour derrière les stores, au travers des faisceaux de lumière.

Il existe une position tout à fait idéale si vous faites l'amour au soleil : allongez-vous sur le dos, sur la poitrine de votre partenaire. Il pourra avoir besoin de sa main pour entrer en vous et la pénétration ne sera pas très profonde. Vous pourrez alors vous prélasser au soleil et les deux mains de votre amant pourront vous toucher les seins, le ventre et le clitoris. Si votre tête repose par terre, vous pourrez entendre les mots doux qu'il susurrera à votre oreille. Afin d'être à l'aise dans vos mouvements, posez vos pieds à plat sur le sol et basculez un peu les reins. Enfin, pour qu'il reste bien en vous, l'un de vous deux gardera la main sur son pubis.

À SAVOIR

créer un cadre romantique

★ *Si votre partenaire n'y est pas allergique, les fleurs apporteront une touche de romantisme, surtout si elles sont colorées et qu'elles sentent bon. Disposez-les dans un joli vase et réservez quelques fleurs dont vous égrènerez les pétales dans la baignoire.*

★ *N'oubliez pas le pouvoir de Mère Nature : un sommet de montagne à vous couper le souffle, un coucher de soleil sur la mer, de l'eau fraîche et claire... Les éléments naturels sont des plus romantiques. Pensez à prendre une couverture sinon le froid vous ramènera vite à la réalité.*

★ *La séduction n'est pas un rituel que l'on répète à l'envi. Si la routine s'installe, essayez d'inverser la tendance.*

★ *On n'a jamais trop d'oreillers ou de coussins, que ce soit pour se relaxer ou pour soutenir le corps dans certaines positions. Disposez-les pêle-mêle sur votre lit, et poussez-les s'ils vous gênent.*

★ *Les bougies sont à juste titre un stéréotype, mais un bon éclairage est essentiel et une lumière tamisée est toujours plus agréable qu'un éclairage direct.*

★ *Faites couler un bain à votre partenaire. C'est un geste simple qui prouve que vous tenez à ce qu'il se détende.*

déguisements

Se déguiser en préambule d'ébats sexuels n'a rien de nouveau : les saturnales étaient pour les Grecs un temps de débauche et au XVIIIe siècle les jeunes aristocrates de Londres se rendaient à des mascarades, folles nuits blanches où masques et costumes évoquaient le fantastique, la mythologie et la transgression.

Nous sommes plus familiers aujourd'hui des tenues fétichistes vendues dans les sex-shops et que l'on peut porter à la fois en boîte de nuit ou chez soi, mais aussi plus réceptifs à la lingerie érotique. Si pour autant l'idée de vous déguiser vous agace ou vous embarrasse, revêtez donc vos habits quotidiens. Franchement, à l'instar de Bridget Jones et de sa fameuse culotte, il y a bien quelque chose que votre partenaire porte tout spécialement pour vous, même à son insu. Il ne faut pas oublier qu'avant d'être une niche commerciale, le fétichisme fut avant tout un style sexualisé quelque part par quelqu'un.

Votre partenaire pourrait bien se travestir en gardien de parking, serveuse ou flic. À l'instar de l'uniforme, un classique du travestissement, de nombreux vêtements sont sexy car ils bénéficient d'un fort pouvoir de suggestion érotique. La coupe du vêtement est également importante : elle doit mettre en valeur et épouser les formes de votre partenaire. On peut se déguiser avec n'importe quoi, depuis l'intimidant smoking jusqu'au short qui sublime les jambes. Si votre partenaire porte régulièrement quelque chose qui vous plaît, pour l'amour du ciel, dites-le-lui ! C'est tout à fait normal.

amour courtois

Bien que nous soyons nombreux à ne pas avoir été très attentifs en classe, il est certain que les fantasmes se sont inspirés de la littérature. Dès le XIIe siècle, Henri II faisait la cour à Éléonore d'Aquitaine. Alors que les chevaliers partent en croisade et foulent d'héroïques contrées, leurs épouses se pâment devant le romantisme des histoires d'amour courtois contées par les troubadours, relais de la littérature féminine de leur temps.

Ces preux chevaliers ne manquent pas de décapiter les dragons mais, grands princes, sont asservis aux femmes dès qu'il s'agit d'amour. Souvent mariée, la femme tient le haut du pavé, et, s'il ne peut pas la courtiser, le chevalier lui exprime son amour en agissant avec bravoure.

Comme nombre de romancières britanniques du XIXe siècle, Jane Austen et Charlotte Brontë représentent les hommes comme s'ils étaient des objets de convoitise dont les instincts sauvages et animaux sont à peine refrénés par une convenance sociale tout aussi étriquée que les hauts-de-chausses de M. Darcy (*Orgueil et Préjugés*, Jane Austen). Les personnages de Darcy et de Heathcliff (*Les Hauts de Hurlevent*, Charlotte Brontë) seront toutefois suffisamment étoffés pour laisser leur empreinte dans la littérature romantique et érotique.

Aujourd'hui, la littérature dite « féminine », depuis les romans à l'eau de rose jusqu'à ceux de Barbara Cartland ou de Danielle Steel, mobilise le même univers que celui des romans d'amour courtois, où un homme de poigne se fait impunément aliéner par une séductrice. Lorsqu'il s'agit de comprendre ce que la sexualité a de plus mystérieux, l'on peut faire bien mieux que se mettre au lit avec un livre !

jouer au docteur

« Infirmière ! Oh, Docteur ! », l'univers médical est très prisé des adeptes des jeux de rôle ; depuis les années quarante, on ne compte plus les références culturelles – souvent humoristiques – faisant du corps médical un objet du désir. Infirmières et médecins sont des objets de fantasme car il est non seulement tout naturel de désirer d'honnêtes gens qui partagent leur expérience et leur savoir-faire au nom de l'humanité mais leurs blouses et uniformes à la fois stricts et affriolants offrent aussi et surtout de multiples opportunités de jeux de rôle. Peut-être aussi que l'origine de ce fantasme remonte à la prime enfance : nombreux sont ceux qui ont connu, enfant, l'angoisse d'une blessure, d'une maladie, ou un traumatisme d'ordre médical, et le mécanisme consiste alors à sexualiser ces instants de peur encore vivaces.

Il n'est pas nécessaire d'en faire trop pour jouer au docteur avec votre partenaire. C'est l'occasion rêvée d'anticiper et d'attendre un peu avant de prendre les choses en main. De faux stéthoscopes bon marché, des gants en latex jetables ou des draps en vinyle vous donneront des sensations fortes ; mettez quelques accessoires au frigo ou procurez-vous de la glace pour « anesthésier » la zone traitée. C'est aussi l'opportunité de donner des ordres à votre partenaire (partagé entre désir et crainte), avant de le dorloter et de le laisser se blottir dans votre giron.

À SAVOIR

pour frissonner de plaisir (I)

★ *Ne négligez pas les sens de votre partenaire : le toucher, le goût, l'odorat, et introduisez à vos ébats des massages aux huiles parfumées, de la glace, du miel, des mangues, etc.*

★ *Messieurs, si votre partenaire possède un vibromasseur ou un godemiché, demandez-lui de vous montrer ou de vous expliquer comment elle l'utilise, puis essayez sur elle comme elle le désire. Ne l'utilisez pas seulement comme un pénis, celui-ci est détaché !*

★ *Faites pointer les tétons de votre partenaire vers les étoiles, caressez-les et excitez-les avec les doigts et le bout de la langue. Au moment où l'un d'eux attend que vous refermiez les lèvres, passez à l'autre et laissez-le sur sa faim.*

★ *Le plaisir anal n'implique pas obligatoirement la pénétration, vous pouvez explorer amoureusement la surface de l'anus en l'embrassant, en le léchant, en le caressant et peut-être plus si affinités.*

★ *Laissez les tétons de votre partenaire tranquilles et occupez plutôt votre langue et vos doigts avec ses mamelons. Qu'ils soient sombres ou presque invisibles, ces auréoles du plaisir présentent plus de terminaisons nerveuses que les tétons eux-mêmes.*

★ *Pendant l'acte sexuel, les deux sexes peuvent apprécier qu'on leur touche le périnée (l'espace entre le sexe et l'anus) en un mouvement ferme et circulaire.*

fétichisme

Ces dix dernières années, la mode fétichiste a trouvé sa place sur les podiums internationaux, les stars de la musique portent des corsets et des talons aiguilles reproduits par la suite pour la grande distribution, sans parler de la présence du latex ou du cuir dans les films et les clips vidéo. Le débat fait encore rage : ces personnalités, souvent des femmes, sont-elles de puissantes icônes ou bien des esclaves de la mode ? Certaines femmes pensent que le travestissement les rend trop accessibles et fait d'elles un objet sexuel ; d'autres considèrent qu'un corset – ou un déguisement – renforce leur assurance et leur pouvoir de séduction. Il convient sans doute d'essayer pour se faire sa propre opinion.

Une chose est sûre, les femmes ont des fantasmes liés au jeu de rôle, à la soumission, à la domination, au bondage et au sadomasochisme, tout comme les hommes mais de façon plus élaborée. Lorsqu'il s'agit de passer à l'acte, c'est le partenaire dominant du couple qui se soumet le plus, car il essaye ainsi de plaire à l'autre, à la recherche de sensations fortes. Pas de panique donc et n'ayez pas honte si, dans vos fantasmes, c'est vous que l'on contrôle et que vous vous laissez faire. La vraie force des deux sexes est de savoir s'exprimer.

au bureau

Qu'il s'agisse d'une confidence ou d'un entretien, il est surprenant de constater combien d'entre nous ont des fantasmes qui viennent se dérouler sur leur lieu de travail. Qu'il s'agisse du bureau ou de l'usine, c'est le pouvoir qui émoustille : les scénarios sur le lieu de travail se prêtent donc eux aussi idéalement aux jeux de domination. Que vous succombiez à un élégant businessman sûr de lui ou à une influente jeune femme à la main de fer, il se peut fort que vous pensiez à des gens qui existent dans la réalité.

Racontez ce fantasme à votre partenaire. Portez vos plus beaux vêtements et vos sous-vêtements les plus sexy. Que vous deveniez le négociateur aguerri et dynamique qui obtient toujours ce qu'il veut ou l'employée effacée et nerveuse, choisissez dans tous les cas celui que vous aimez le moins.

S'il y a un bureau chez vous, vous n'avez pas à vous soucier de nettoyer la table du salon ou de vous risquer avec votre partenaire à retourner sur votre lieu de travail après sa fermeture.

À SAVOIR

pour frissonner de plaisir (II)

★ *Massez-vous les tempes lors d'une longue et lente séance de sexe face à face. Cette vieille méthode de shiatsu qui consiste à relaxer le visage détend également le reste du corps, et vous pourrez alors vous focaliser plus intensément sur votre désir.*

★ *Faites un massage thaïlandais à votre partenaire. En tant que novice, vous n'aiderez pas à la tonicité du muscle mais ce sera excitant. Mieux vaut une grande salle de bains : allongés sur une serviette, lavez-vous tout le corps avec du savon et de l'eau. Celui qui fait le massage s'allonge sur le corps de l'autre et se roule dessus.*

★ *Les plumes sont un merveilleux instrument pour jouer et chatouiller. C'est aussi le meilleur moyen de franchir la frontière ténue entre plaisir et supplice.*

★ *Le scotch ou le plastique sont des matériaux non poreux. Il faut un peu de talc pour s'en servir mais il paraît que la sueur et les phéromones qu'ils permettent de libérer rendent les choses assez excitantes.*

★ *Vous pouvez aussi essayer le latex liquide, moins onéreux, il rétrécit sur le corps en séchant, ou encore les bandes de bondage qui peuvent servir à attacher ou à bander les yeux.*

★ *Messieurs, aussi étrange que cela puisse paraître, vous pourrez faire l'amour plus longtemps en vous pinçant l'anus assez fermement si vous êtes sur le point de jouir. Le message est aussitôt transmis au muscle coccygien, si bien caché.*

jeux
érotiques

jeux d'esprit

La plupart des gens ont, d'une façon ou d'une autre, eu une expérience sexuelle coquine, qu'ils aient introduit ce qu'ils avaient à portée de main lors des préliminaires, ou qu'ils aient tous deux opté pour un jeu psychologique. On constate que certaines personnes sont incroyablement transformées par le jeu de rôle et trouvent le mot et le ton justes. Il suffit de se jeter à l'eau !

La communication est primordiale, on n'attend pas de vous que vous lisiez dans les pensées de l'autre. Si vous ne savez pas s'il aime ce que vous êtes en train de faire, demandez-le-lui bon sang ! Fixez-vous des limites non pas en fonction de vos fantasmes respectifs mais lorsque vous aurez une idée de ce que cela fait vraiment. Trouvez un mot qui veuille dire « stop » plutôt qu'un « non » qui pourrait être mal interprété, de préférence un mot qui n'ait pas de connotation érotique.

Si vous aimez les jeux de domination, pensez aux mots, aux expressions et aux attitudes qui vous conviendraient à tous deux avant de passer au contact ou justement à la privation de contact physique, que ce soit entre vous ou bien, cerise sur le gâteau, en public si vous êtes convenus d'un code. Pensez également à vous servir de vos vêtements : peut-être avez-vous toujours eu envie d'entretenir la maison telle une parfaite soubrette, de vous comporter en officier dur à cuire, ou d'aguicher telle une parfaite strip-teaseuse. Il s'agit là d'un rôle jusqu'à ce que votre vraie personnalité reprenne le dessus.

tester le mobilier

Si vous envisagez de faire l'amour ailleurs que dans la chambre, regardez d'un autre œil les meubles qui vous entourent : chaises, tables et autres plans de travail. Les chaises offrent de nombreuses possibilités pour attacher votre partenaire : il sera à votre merci et vous pourrez jouer avec lui à loisir. Les diverses sensations qu'offre la pénétration sur une chaise sont plus variées que sur un lit. Si vous n'avez pas envie d'essayer toutes les positions possibles, faites-en usage pendant les préliminaires avant d'entrer dans la chambre.

Vous aimez vous enfoncer sur le pénis de votre partenaire ? Asseyez-vous sur son érection. Si vous lui tournez le dos, il peut vous toucher le clitoris, les seins et vous mordiller les oreilles. C'est une position excellente pour regarder ensemble un bon film à la télévision. À l'inverse, si vous êtes face à lui, c'est une alternative pour faire vite.

Une table ou un plan de travail à mi-hauteur donnera la possibilité à l'homme de vous poser si besoin est alors qu'il vous porte debout de tout son poids. Que vos fesses soient dans ses mains ou assise à bonne hauteur, c'est la position idéale pour mettre vos jambes autour de sa taille, les pieds au creux de ses reins, attirant ses hanches vers vous. Le plan de travail d'une cuisine convient parfaitement, à lui de s'agenouiller et d'embrasser la cuisinière tout offerte où bon lui semble. Il peut aussi vous emmener dans le garage, enfiler sa tenue de garagiste et procéder à un contrôle technique.

aux petits soins

Prendre soin du corps de l'autre est une pratique naturelle qui remonte à la nuit des temps. Certains se sentent un peu honteux à l'idée de partager leur intimité avec leur partenaire. Il faut parfois garder ses distances, nous ne sommes pas en train de suggérer de le laisser vous épiler les poils du menton, ou bien de lui couper vous-même les poils du nez.

Mais aider votre partenaire dans ses gestes quotidiens est un petit signe d'attention, qui donne confiance le matin et détend le soir. Messieurs, appliquez du vernis à ongles sur les orteils de madame, doucement, consciencieusement, en discutant, et voyez où cela vous mène. Massez et prenez soin de ses pieds. Mesdames, rasez-le à l'ancienne (surtout si vous trouvez qu'il irrite votre visage ou votre sexe), son rasoir habituel fera l'affaire. Inclinez sa tête, attachez-lui une serviette autour du cou et battez la mousse, ce n'est pas la peine de vous mettre à chanter. Quand vous aurez fini, caressez-lui son doux visage et voyez où cela vous mènera.

agent secret

Le jeu qui suit permet d'appréhender un peu mieux les réactions de l'autre.

L'un de vous deux doit prendre les choses en main après une soirée que vous aurez passée ensemble. Si c'est vous, préparez la pièce, allumez des bougies et mettez de la musique douce et sexy. Demandez à votre partenaire de s'effeuiller doucement et laissez traîner votre regard sur chaque partie de son corps qui se dénude. L'exhibitionniste qui sommeille en lui appréciera.

Déshabillez-vous à votre tour si cela peut mettre votre partenaire plus à l'aise, il pourrait se sentir nu et vulnérable tandis que vous dominez tout habillée. Une fois nue, faites-le s'allonger. Maintenant, à vous d'entreprendre la plus minutieuse des enquêtes qu'il ait jamais eue sur ses zones érogènes.

Commencez par le cou, le visage et les oreilles, passez en revue chaque coin et recoin avec votre langue, vos lèvres et vos doigts. Déterminez son plaisir sur une échelle de 1 à 10. Demandez-lui de donner une note à chaque endroit. Pendant que vous le mordillez et le caressez, demandez-lui : « Est-ce que tu aimes quand je te mords le cou comme ça ? » « Est-ce que tu aimes quand je te lèche les seins comme ça ? »

Frayez-vous un chemin de ses tempes jusqu'à ses orteils, puis remontez sans rien oublier. Cela l'impressionnera que vous mettiez un point d'honneur à savoir ce qu'il aime et cela pourrait bien être le début d'une relation très sensuelle.

À SAVOIR

pour éveiller l'esprit

★ *Sachez attendre ! Emportée par votre propre plaisir, n'oubliez pas qu'il ne faut pas tout donner tout de suite. Votre partenaire pourrait être mécontent si vous vous arrêtiez alors qu'il est sur le point de jouir, alors qu'un tout petit peu plus tôt il vous aurait imploré de continuer.*

★ *Si votre partenaire a des difficultés à vous parler de ses fantasmes, incitez-le à les écrire puis à vous les lire.*

★ *Allez ensemble dans une salle de sport et mettez-vous réciproquement à l'épreuve. C'est plus drôle qu'intimidant. Buvez beaucoup d'eau.*

Ayez un rapport de dominant à dominé sans que les autres ne le sachent ou bien amusez-vous à vous contempler en tenue moulante et à respirer vos odeurs respectives.

★ *Attachez les mains de votre partenaire avant de vous déshabiller sensuellement pour lui. Vous serez à la fois soumise, en vous exposant ainsi, et dominante, en l'empêchant de faire ce qu'il veut. Il sera fou de frustration.*

★ *Si vous aimez être tous deux debout lorsque l'homme est derrière pendant la pénétration, voici comment voir encore plus d'étoiles : atteignez un nouveau paroxysme dans les escaliers en vous penchant par-dessus la rampe (tant que ce n'est pas dangereux).*

★ *Acceptez à tour de rôle de faire tout ce que l'autre désire pendant une période donnée.*

accessoires

Sans être systématique, de nombreux jeux nécessitent des accessoires. Il existe des vibromasseurs et des godemichés de formes et de tailles bien plus variées qu'un sexe humain. Bien que de nombreux couples soient dérangés par le bruit, les vibrations sont devenues de plus en plus discrètes et la qualité des matériaux s'est améliorée. Certains modèles sont maintenant dotés d'un stimulateur clitoridien ou anal et fonctionnent avec des piles. Si le vibromasseur n'imite jamais le mouvement d'un vrai pénis, il prodigue en revanche des massages complets, n'oubliez pas les tétons, le clitoris, et les volutes de l'anus de votre partenaire. Messieurs, les godemichés et les vibromasseurs sont vos alliés et non vos rivaux. Il s'agit d'une autre stimulation pour elle ou pour vous. Utilisez plutôt le vibromasseur pour masser ou comme un godemiché ; votre pénis, lui, peut ainsi aller voir ailleurs.

Si le plug vous intimide un peu, les boules anales pourront alors vous sembler une bien curieuse expérience. Assurez-vous pourtant de ne jamais insérer quoi que ce soit qui puisse disparaître dans l'intestin. Reliez la ficelle des boules anales à votre doigt. N'utilisez que des plugs dotés d'anneau(x) avant le(s)quel(s) le sphincter peut se contracter et les maintenir ainsi en place. En matière de bondage, faites attention aux menottes bon marché qui sont par ailleurs les plus faciles à trouver. Celles à bords larges sont meilleures car les menottes plus fines coupent. Allez plutôt dans un bon sex-shop et demandez au vendeur des conseils sur les colliers, les menottes de poignets ou de chevilles et les barres. Vous trouverez aisément des articles de bondage souvent vendus en pack bon marché pour débutants.

à la maison

Le sexe va certes de pair avec le shopping, mais en la matière sachez aussi faire preuve d'originalité. Bien sûr, vous pourriez aller dans un sex-shop et vous offrir une garde-robe digne de ce nom, mais avec un peu d'imagination, vous dénicherez chez vous un tas d'objets qui viendront enrichir votre arsenal de bondage.

Prenez soin de ne pas appliquer de ruban adhésif directement sur les poils de la peau mais plutôt sur de vieux vêtements, et sachez que les spatules et les cuillères en bois, en apparence si innocentes, font bien plus mal que les instruments prévus pour le châtiment corporel. La règle d'or est de tester d'abord sur vous tout ce que vous voudriez essayer sur votre partenaire. Avec une brosse à cheveux ou une pantoufle par exemple, vous verrez qui porte la culotte à la maison !

confidence pour confidence

Un baiser peut être de toutes sortes : rêveur, passif, dur, démonstratif, mouillé, chaud, froid, passionné, ou précis. Pour certains, le baiser est ce qu'il y a de plus intime, tandis que pour d'autres il est le sas vers plus d'affinités. D'ailleurs, de ce baiser dépendra ou non une suite.

Jouer en vous embrassant est un bon moyen pour apprendre à mieux connaître ce qu'il y a dans votre bouche et dans votre tête. Au début d'une relation, ou lorsque vous n'avez échangé que quelques baisers, la prudence est de mise. Ne mettez jamais la langue tout de suite, allez-y progressivement.

Embrassez d'abord tendrement les lèvres, en les effleurant et en vous éloignant. Que votre partenaire en redemande. Faites-le marcher.

Menez la danse à tour de rôle. Celui qui suit les mouvements de l'autre doit rester passif, obéissant et copier les baisers de son partenaire sans en accroître, ni la profondeur, ni l'intensité. Par exemple, laissez votre langue à sa place si l'on vous embrasse avec les lèvres. C'est le seul moyen d'offrir à votre partenaire un baiser qui l'incitera à vous couvrir de trésors de sensualités.

nourriture, amour et aphrodisiaques

La nourriture, l'intimité et le plaisir s'accordent parfaitement. Un dîner en tête-à-tête, assis côte à côte ou bien l'un en face de l'autre, peut être un merveilleux préambule à une belle nuit d'amour.

N'abusez pas de plats en sauce si vous envisagez de faire l'amour, contentez-vous d'un repas léger mais riche en protéines (la nourriture japonaise, chinoise ou thaïlandaise est énergétique et vite digérée). La science a montré que des aphrodisiaques reconnus comme l'asperge ou l'huître avaient peu d'influence sur la libido, mais que cela ne vous empêche pas de les trouver sensuels et amusants. Il est plus évident d'essayer la réglisse, les bananes, le gingembre, le fenouil, la laitue ou le miel. Quels que soient leurs effets, sucer et avaler ces mets sucrés et épicés peut s'avérer très suggestif. Si vous vous amusez avec des aliments relevés, évitez de les mettre en contact avec le pourtour des yeux.

Mettez le feu aux joues de votre partenaire en jouant avec le chaud et le froid (en combinant ou en alternant mets chauds, glacés, à température ambiante). Vous pouvez aussi lui bander les yeux – voire l'attacher – et lui demander de deviner rien qu'au goût, à l'odeur et au toucher, quels sont les plats que vous avez préparés. Amusez-vous à compter les points. Lors de vos ébats, lavez bien quelques fruits ou légumes puis promenez-les le long du corps de votre partenaire ainsi que sur son sexe.

breuvages avec ou sans bulles

Bien que le sexe et l'alcool ne fassent pas toujours bon ménage, rien ne vaut la sensation de bulles de champagne qui frétillent sur la peau pour apporter un zeste de sexualité décadente. Cerise sur le gâteau : versez quelques gouttes de ce breuvage pétillant sur le sexe de votre partenaire.

Plongez entre les jambes de votre partenaire, du champagne ou de l'eau gazeuse dans la bouche. Prenez son sexe dans la bouche ou versez-en dessus. Faites-le à tour de rôle, après chaque verre par exemple. Vous pouvez aussi vous amuser sur des draps en vinyle avec de la nourriture facile à étaler. Parfois, mettre le bazar peut s'avérer libérateur. La glace et le chocolat font partie des plaisirs sensuels : ils fondent délicieusement sur la peau de votre partenaire et vous trouverez là une bonne raison de le lécher.

huiles et massages

Vous pouvez masser votre partenaire sans huiles, mais, si vous avez un peu le sens du rituel et que vous voulez qu'il se détende, les huiles sont alors bien essentielles. La peau doit être grasse et lisse si vous voulez trouver les nœuds de tension des muscles sans brûler la peau de votre partenaire. Choisissez une huile de massage neutre, comme celle au noyau de pêche que vous pouvez mélanger aux huiles essentielles de votre choix. (Corrosives, ces dernières ne doivent jamais être appliquées pures sur la peau.) Réchauffez au préalable entre vos mains tout ce que vous utiliserez.

Vous pouvez consumer des huiles essentielles dans un brûle-parfum. Leurs agréables effluves renforcent les vertus du massage sur le plan de la respiration et de la relaxation. Évitez toutefois de vous en servir s'il y a la moindre éventualité que vous soyez enceinte. Enfin, sachez que les huiles de lavande, d'eucalyptus, de basilic, de bergamote, de rose, de bois de santal, de néroli (bourgeon d'orange) et de ylang-ylang créent une atmosphère sensuelle et seraient même aphrodisiaques.

Que le but de votre massage soit bien clair : soit il participe aux préliminaires, soit il s'agit d'un moment de détente après lequel vous ne devrez rien attendre de votre partenaire si ce n'est qu'il demeure dans l'état où vous l'avez mis. Cela pourrait vous mettre tous les deux dans l'embarras si vous ne respectiez pas vos intentions premières. Pour un massage relaxant réussi, n'exercez plus aucune pression psychologique et laissez la part belle aux sensations, qu'il s'agisse de longues et glissantes pressions ou de torsions.

À SAVOIR

sexe et tantra

★ *Réservez votre chambre au sommeil et à l'amour. Si vous utilisez cet espace pour travailler, regarder la télé ou faire du repassage, il vous sera difficile d'en faire abstraction lorsque vous y ferez l'amour.*

★ *Massez-vous chacun votre tour le bas de la colonne vertébrale, vous saurez tous deux apprécier.*

★ *Mesdames, si pensez que votre partenaire est sur le point de jouir, attrapez ses testicules et ramenez-les doucement vers l'arrière. Messieurs, vous pouvez également le faire vous-mêmes. Essayez pendant la masturbation.*

Les testicules se rétractent vers la base du pénis avant l'éjaculation, et ce geste permet donc de retarder les choses.

★ *Un entraînement régulier des muscles vaginaux rend la femme plus tonique et permet à l'homme de durer plus longtemps. Si vous n'êtes pas sûre de savoir où se trouvent ces muscles, imaginez que vous vous retenez d'uriner : c'est la zone que vous contractez. Serrez puis relâchez doucement quand vous le voulez, c'est là un exercice invisible que l'on peut faire à son bureau.*

★ *Renforcez votre imagination pendant l'amour, pour le plaisir bien sûr mais aussi pour l'autre. Imaginez ce que vous ressentiriez si vous étiez le sexe opposé, et imaginez ce que vos gestes font à votre partenaire. Quels sont les effets de chacun de vos gestes ?*

rapports protégés et érotisme

Les maladies sexuellement transmissibles ont permis aux jeux érotiques qui n'impliquent pas la pénétration de se développer. En matière de rapports protégés, les préservatifs conformes aux normes internationales sont indispensables si vous n'êtes pas tous les deux complètement sûrs de vous. Leur inconfort est le maigre prix à payer pour avoir l'esprit tranquille. Mieux vaut des rapports protégés que pas de rapports du tout. Lors de l'enfilage du préservatif, continuez à vous toucher et à vous regarder.

Mieux encore, faites-en un acte sensuel lors des préliminaires. Mesdames, caressez votre partenaire lorsqu'il met le préservatif, aidez-le à ne pas flancher. Ou alors, mettez-le-lui. N'arrachez pas l'emballage avec les dents : tenez le préservatif à son extrémité afin d'en enlever l'air et déroulez-le sur son pénis tout en serrant la base. Faites un anneau avec le pouce et l'index de votre autre main de façon à le maintenir en érection et à vous assurer que le préservatif est bien déroulé : votre partenaire doit pouvoir l'attraper avec les doigts et le maintenir en place lorsqu'il faudra se retirer. Ne les utilisez surtout pas avec des lubrifiants à base d'huile. Si vous voulez jouer les professionnelles, essayez de le mettre avec la bouche. Prenez soin de protéger vos dents avec vos lèvres afin de ne pas déchirer le latex. Évitez le rouge à lèvres, le baume ou le gloss. Avec un peu d'expérience, la sensation sera terriblement sensuelle et le préservatif ne sera plus jamais une corvée.

index

A

accessoires, 27, 48-49
alcool, 56
amour courtois, 24
aphrodisiaques, 54
À savoir
  pour améliorer l'ambiance, 20-21
  pour frissonner de plaisir, 28-29, 34-35
  pour éveiller l'esprit, 46-47
  sexe et tantra, 60-61

B

bains, 21
baisers (premiers), 52-53
bondage, 31, 36, 49-50
bougies, 21, 44
breuvages, 56

C

chaises, 40

D

déguisements, 22-27, 30
docteur (jouer au), 27
domination, 15, 31, 33, 38-39

E

éjaculation, 35, 60-61
érotisme, 62-63
exhibitionnisme, 16-18
explorer le corps, 44

F

fantasmes, 10-35
  au bureau, 17, 33
  de l'infirmière, 27
  du pirate, 13
fleurs, 20

G

godemichés, 28, 48-49

H

huiles, 28, 58, 63

J

jeux érotiques, 36-62
jeux d'esprit, 38-39
jeux de rôle, 14

M

massage, 28, 34, 58
menottes, 49
mobilier, 40
muscle coccygien, 61

N

nature (sexe dans la), 18
nourriture, 54, 56

O

oreillers, 21

P

périnée, 29
plaisir anal, 29
plastique, 35
plumes, 35
préservatifs, 62-63

R

rapports protégés, 62-63

S

scotch, 35
soins, 42-43
soleil (amour au), 18
strip-tease, 16-17, 38, 44

T

table, 40
tétons, 29, 48

V

vibromasseurs, 28, 48-49